Die

Schlüsselgewalt der Ehefrau

nach deutschem Recht.

Von

Dr. jur. Georg Schmitt.

München.

J. Schweitzer Verlag (Jos. Eichbichler).

1893.

Übersicht.

Die

Schlüsselgewalt der Ehefrau nach deutschem Rechte.

§ 1.

Einleitung.

Das deutsche eheliche Güterrecht geht im allgemeinen von dem Standpunkte völliger Gleichberechtigung beider Ehegatten in allen wesentlichen Beziehungen aus, doch räumt es dem Manne, als dem Haupte der Familie, die Leitung und Vertretung der ehelichen Rechtsgemeinschaft ein. Der Mann hat für den Unterhalt der Familie zu sorgen, dagegen kann er von der Frau verlangen, dass sie nach ihren Verhältnissen zur Besorgung der Hauswirtschaft mitwirke. Einen unbedingten Zwang gegen sie zu allen Dienstleistungen vermag er jedoch nicht auszuüben, sondern die Frau ist nur verpflichtet, in der Haushaltung „nach Kräften beizustehen“.

Österreich. Gesetzbuch von 1811 § 92.

Es gibt nun im häuslichen Leben eine Reihe von Handlungen und Geschäften, welche ihrer Natur nach der Einsicht und Thätigkeitssphäre des Mannes ferne liegen, deren Ausübung daher der ganzen Lebensaufgabe des Weibes, ihrem Erziehungsgange, sowie den vor der Heirat im elterlichen Hause gemachten Erfahrungen bei weitem mehr entspricht. Dieser Handlungs- und Geschäftskreis sondert sich mithin von selbst aus dem weiteren Bereich der ehemännlichen Haushaltungsleitung aus und nimmt thatsächlich und rechtlich eine selbständige Sonderstellung ein. Innerhalb derselben muss nun die Ehefrau notwendig auch Vermögensverfügungen unter Lebenden treffen, Auslagen machen und Veräusserungen von Mobilien vornehmen, Schulden contrahiren können, welche der Ehemann nicht etwa zu genehmigen braucht, sondern als verpflichtend anerkennen muss, insoweit die natürlichen und rechtlichen Schranken, welche jeder Dispositionsbefugnis gezogen sind, nicht überschritten werden. Man kann daher jenen Rechtskreis der Ehefrau wohl mit dem Namen Gewalt bezeichnen und von einer Schlüsselgewalt der Frau sprechen. Dieser von der Wissenschaft längst adoptierte, in der legislativen Sprache selten verwendete Ausdruck erinnert an die altgermanische Anschauung, dass die Schlüssel das Zeichen der Hausfrau und die Zierde ihres Gürtels seien,

Weinhold, die deutschen Frauen im Mittelalter, S. 311, 451.

Grimm, deutsche Rechtsaltertümer, S. 417, wie denn auch die altschwedische Verlobungsformel: Coniungo tibi filiam in honorem et uxorem, in ius dimidii thori et clavium gelautet hat,

Stiernhöök, de iure Sueonum et Gothorum vetusto (1682), S. 160,

und die Witwe, welche Hab und Gut des Mannes den Gläubigern überliess, um schuldhaftungsfrei zu werden, die Schlüssel in die Hausthüre steckte oder auf die Bahre niederlegte — ein symbolischer Brauch, welcher sich noch im spätesten bremischen, wie auch schwäbisch-städtischem Rechte erhalten hat.

Berk, über das bremische Güterrecht der Ehegatten, § 2 und § 18.

Wenn es nun auch keinem Zweifel unterliegt, dass das sogenannte Schlüsselrecht in seinen Anfängen bis auf das früheste Mittelalter, ja, sogar noch weiter, bis auf Tacitus,

Bender, Handbuch des Frankfurter Privatrechts, S. 49,

zurückreicht und jedenfalls seine erste Entwickelung erhielt, als die Frauen anfingen, am häuslichen Erwerb mitthätigen Anteil zu nehmen, so finden sich doch hierüber in den mittelalterlichen land- und stadtrechtlichen Quellen sichere Anhaltspunkte nicht, indem jene die Mundialgewalt des Mannes regelmässig so allumfassend hinstellen, dass daneben für eine eheweibliche Verfügungsgewalt scheinbar kein Raum übrig bleibt. Höchstens kleine, 3—4 Schillinge oder $2^1/_2$ Pfennige nicht überschreitende Ausgaben oder solche, welche ausschliesslich ihre Kleider (Mantel, Schleier) betrafen, durfte eine Frau „ane ires mannes orloup" oder gar „contradicente marito" sich erlauben.

Freiheitsbrief für Burgdorf von 1316 (b. Walter, Gesch. der bern. Stadtr., s. LXXII). Mulier contradicente marito-vestimenta sua in elemosynam dare libere potest.

Görlitzer Landrecht 45, § 9. Swelich wip ane irs mannis orloup icht vor gibit daz merc dan dri schillinge wert ist, daz mach der man wol wider nemin ob er wil.

Hildesheimer Stadtr. von 1249. Nulla domina potest aliquid fideiubere vel dare sine consensu viri sui nisi tertium dimidium denarium et peplum suum et colum et fusum suum.

Bamberger Ratsverordnung von 1326 bei Zöpfl, Urk. S. 161, N. XCVI. Ez ist auch gesatz, daz man fürbaz deheiner frowen, die ein wirt hat, deheinerley zinwerde noch deheinerlei gut an ires wirtes wizzen u. an sein wort über ein halp phunt phenning nicht leihen noch porgen soll.

Hamburger Statuten von 1270. IX. 13. Ite ne mach nen vrouwe kopen gud ane ere rechten vormunt, dat ere man gelten dorve, sunder wumpele u. doke.

Allein es dürfte sich eine freiere Stellung der Ehefrau gegenüber dem Manne in Ansehung der hauswirtschaftlichen Geschäftssphäre vielleicht in Anlehnung an den Grundsatz, dass die Frau „über alles, was zur Gerade gehört, frei verfügen dürfe, weil sie es unter ihrer Obhut hatte“,

Heusler, Institutionen des deutschen Privatrechts, Bd. II, S. 382,

auf gewohnheitsrechtlichem Wege entwickelt haben. Diese fand dann erst in der Landesgesetzgebung des vorigen Jahrhunderts ihren vollständigen und klaren Ausdruck, und zwar am deutlichsten in der Lippe-Detmold'schen Verordnung von 1786, § 11, wo es heisst:

da jederzeit vermutet wird, dass der Mann seiner Frau die Besorgung des inneren Hauswesens überlassen habe, so kann sie auch ohne dessen ausdrückliche Einwilligung die zur Führung dieser ihr anvertrauten Ökonomie nötigen Kontrakte giltig abschliessen, und zu deren Behuf bewegliches Vermögen veräussern, also weibliches Gesinde mieten, Hausgeräte, Kleidungsstücke und was zum Essen und Trinken erforderlich ist, anschaffen, dagegen das in der Haushaltung Überflüssige oder Entbehrliche verkaufen und überhaupt in dergleichen häuslichen und wirtschaftlichen Angelegenheiten contrahieren, die sich nicht allgemein, sondern nur nach Beschaffenheit jeder Familie und ihrer Haushaltung bestimmen lassen.

Das Bamberger Landrecht von 1796, § 18: Machet das Weib während der Ehe Schulden, so ist der Mann solche, wie auch überhaupt des Weibes Handlungen in nachfolgenden Fällen zu tragen und auf sich zu nehmen schuldig: Viertens, gewisse häusliche Geschäfte dem Weib allerdings aufliegen, als da sind die standesmässige Bekleidung ihrer selbst und der Töchter, Besorgung des weiblichen Hausgesindes, Kuchen, weissen Zeuges und dergleichen, also ist der Mann schuldig, dasjenige, was das Weib dieshalb handelt und wandelt zu tragen und zu bezahlen.

Das preussische Landrecht, Teil II, S. 321: hat die Frau zu gewöhnlichen Haushaltungsgeschäften oder Notdurften Waren oder

Sachen auf Borg genommen, so muss der Mann dergleichen Schuld als die seinige anerkennen.

Ziemlich genau begrenzt die Schlüsselgewalt die Casteller Landesordnung von 1801.

§ 78. Die Frau kann nichts veräussern ausser

a. von ihrer und der Kinder Kleidungsstücken, welche ganz aus der Mode gekommen und sonst für sie nicht mehr brauchbar sind;

b. von den ihrer Besorgung gewöhnlich überlassenen kleinen Haus- und Küchengerätschaften;

c. von Ökonomiesachen, welche ihr landüblich überlassen zu werden pflegen, als Butter, Schmalz, Eier, Geflügel.

Sie kann ferner nichts kaufen ausser:

a. ihrer und der Kinder benötigte Kleider;

b. die erforderlichen Haushaltungs- und Küchengeräte, Betten und weisses Zeug;

c. die Küchenbedürfnisse und nötigen Vorräte;

d. das was in die ihr überlassene kleine Ökonomie einschlägt.

Ferner befassen sich, wenn auch minder eingehend, mit der fräulichen Schlüsselgewalt das badische Landrecht von 1809, Satz 1420a:

> Eine Frau, welche die gemeinschaftliche Haushaltung führt, hat dadurch allein schon Macht für alle in einer ordentlichen Wirtschaftsführung inbegriffene verbindliche Handlungen.

Das bürgerliche Gesetzbuch für Sachsen, § 1645, 1699:

> Die Ehefrau macht durch Verträge, welche sie zum Zwecke der Führung des Haushaltes mit Dritten ohne Einwilligung des Ehemanns schliesst, denselben verbindlich, ausgenommen, wenn dieser erklärt, dass seine Ehefrau die Berechtigung nicht haben sollte, und den Dritten vor Abschluss der Verträge diese Erklärung bekannt geworden ist.

Von ausländischen Legislaturen das züricherische privatrechtliche Gesetzbuch von 1853:

> § 150. So weit der Ehefrau die Sorge für die täglich gewohnten Bedürfnisse der Haushaltung zusteht, soweit ist der Mann verpflichtet, ihre Verfügungen seinerseits zu respektieren und die daherigen Kosten als Haushaltungskosten auf sich zu nehmen.

Eine grössere Aufmerksamkeit wendet wieder der Schlüsselgewalt der Ehefrau der Entwurf eines bürgerlichen Gesetzbuches für das deutsche Reich in den §§ 1278—79 zu, welche in den Motiven Bd. IV, S. 117 f. eine ausführliche und treffende Erläuterung finden.

§ 2.

Begriff der Schlüsselgewalt.

Ihrem heutigen Begriffe nach stellt sich die Schlüsselgewalt als die Berechtigung der Frau zum selbständigen Abschluss der hauswirtschaftlichen Verwaltungsgeschäfte dar, sie ist somit ein Bestandteil der allgemeinen, in jeder Ehe vorhandenen Güter- oder Vermögensverwaltung, als deren regelmässiger Träger der Ehemann erscheint; allein aus ihr wird ein bestimmter, abgeschlossener Kreis ökonomischer Thätigkeit, welcher die für das tägliche Leben unentbehrlichen Unterhaltungsmittel und Hilfsarbeitskräfte umfasst, ausgeschieden und der Ehefrau als ständiger Repräsentantin des Ehemanns in diesem Verwaltungszweige zugewiesen. Die Schlüsselgewalt hat daher die hausherrliche Gewalt notwendigerweise zur Voraussetzung, sie ist innerhalb derselben gelegen und ihr untergeordnet.

Betrachten wir die juristische Natur der Schlüsselgewalt, so ist dieselbe nach einer älteren, aber jetzt noch viel verbreiteten Ansicht zurückzuführen auf ein stillschweigendes Mandat des Ehemanns,

Kind, quaestiones forenses III. 3, S. 470,

eine Auffassung, die namentlich auch die französischen Juristen teilen, indem sie von einer „autorisation maritale“ sprechen.

Frey, Lehrbuch des französischen Zivilrechtes, Bd. II, § 335.

Allein abgesehen davon, dass die Mandate der Willkür der Auftraggeber unterworfen sind, also das eheherrliche Bewirtschaftungsmandat der Frau vom Manne jederzeit zurückgezogen oder überhaupt grundlos verweigert werden könnte,

Runde, deutsches eheliche Güterrecht, § 41, S. 99,

so widerstreitet jene Ansicht durchaus dem eigentlichen Grundgedanken des Instituts, welcher dasselbe als einen unmittelbaren Ausfluss der „würdevollen Stellung der deutschen Hausfrau" erscheinen und ihr das ius clavium „von Rechtswegen" zukommen lässt.

Sehr treffend gibt dieser Idee Hanauer in seiner

commentatio sistematica iuris provinci Bambergensis (1769), S. 9.

in den Worten Ausdruck:

Uxor ex ipsa institutione divina matrimonii est coadiutrix mariti, proinde ipsi non deneganda aliqualis coadministratio familiae. Unde sequitur illud omne quod in sphaera competente egerit, pro facto marito reputari debere.

Die Schlüsselgewalt ist also eine selbständige, vom Willen des Mannes unabhängige, in dem Boden des Rechtes wurzelnde Handlungsbefugnis der Ehefrau. Es liegt keineswegs ein mandatum praesumtum vor, sondern sie beruht auf dem objektiven Rechtssatze, dass der deutschen Hausfrau das Gebiet der Haushaltung in bestimmtem herkömmlichen Umfange zustehe.

Gerber, deutsches Privatrecht, Bd. II, S. 160.

Diese Verfügungsgewalt ist das eigene

Recht der Frau, welches nicht auf einen Auftrag des Mannes gestützt werden darf.

Auch der Entwurf legt „das Schwergewicht des Rechtes der Schlüsselgewalt" in die „damit verbundene gesetzliche Vertretungsmacht" und folgert daraus, „dass die Ehefrau als Vertreterin des Ehemanns innerhalb ihres häuslichen Wirkungskreises die zur Verfügung über Ehegut erforderliche Einwilligung des Ehemanns sich selbst zu erteilen berechtigt ist".

Motive b. IV, S. 117, 118.

Die Schlüsselgewalt kommt gleich der sie umschliessenden eheherrlichen Hausgewalt des Mannes in jedem güterrechtlichen System vor, welches auf den Grundpfeilern der germanischen Anschauung von der eherechtlichen Stellung der Gatten zu einander beruht. Innerhalb des römischen Dotalsystems dürfte daher die Schlüsselgewalt kaum einen Platz finden,

Mittermaier § 382 d,

dagegen will Runde diese Sitte auch neben dem völlig getrennten Güterverhältnis des römischen Rechts anerkannt wissen, und beruft sich dafür auf einzelne Gerichtsurteile; allein hier darf nicht übersehen werden, dass das römische Dotalsystem heutzutage selten mehr in Deutschland in seiner originären Gestaltung angetroffen wird, sondern uns meistenteils in Verbindung mit deutschrechtlichen Instituten, wie insbesondere jenem der Errungenschaftsgemeinschaft entgegentritt, welche die Schlüsselgewalt keineswegs ausschliesst.

§ 3.

Erfordernisse der Schlüsselgewalt.

Die Schlüsselgewalt ist nicht persönlichen Charakters, sondern vielmehr durchaus vermögensrechtlicher Natur, das heisst, sie äussert sich ausschliesslich in das Ehegut berührenden Handlungen der Frau. Sie nimmt ihren Anfang, sobald für die Ehegatten das betreffende gesetzliche oder vertragsmässige Güterrecht zu wirken begonnen hat. Einer ausdrücklichen Anerkennung oder Einräumung im Ehevertrag bedarf es ebensowenig, als einer den Eintritt kennzeichnenden Rechtshandlung am Anfang der Ehe. Doch kann man nicht in jeder Ehe von einer Schlüsselgewalt sprechen, sondern es müssen gewisse Voraussetzungen vorhanden sein.

Zunächst ist erforderlich, dass die Eheleute eine selbständige Haushaltung führen, also nicht z. B. im elterlichen Hause weiter leben; denn ebensowenig wie in solchem Falle dem Manne die Leitung des Hauswesens zusteht, kann die Frau eine dieser untergeordnete und durch sie begrenzte Verwaltungsbefugnis haben.

Auch bei Eheleuten, die keinen festen Wohnsitz haben, sondern sich fortwährend auf Reisen befinden, kann man von einer Schlüsselgewalt nicht reden, hier geht sie in der allgemeinen Vermögensverwaltung des Mannes unter.

Ein weiteres Erfordernis ist, dass die Ehefrau für die gewöhnlichen Funktionen einer haushälterischen Mitthätigkeit qualifiziert sei. Bei Frauen fürstlichen Standes dürfte daher wohl in den seltensten Fällen der Begriff „Schlüsselgewalt“ Anwendung finden können, es werden meistens die Funktionen der Hausfrau innerhalb des Bereiches der Schlüsselgewalt auf bezahlte Arbeitskräfte übertragen sein. Auch muss die Ehefrau die körperlichen und geistigen Fähigkeiten besitzen, um ihrem Amt als Hausfrau vorstehen zu können. Dagegen ist Volljährigkeit der Frau kein Erfordernis, nur dass bei einer minderjährigen die Überordnung des Mannes auch bei den gewöhnlichen Verwaltungshandlungen vorwiegend einen vormundschaftlichen Charakter annehmen wird.

Keineswegs ausgeschlossen erscheint die Möglichkeit, dass in einem Ehevertrag nach Willensübereinstimmung beider Gatten, vielleicht auch auf Antrag und mit Einwilligung dritter Personen, die Schlüsselgewalt ausdrücklich für ausgeschlossen erklärt wird, indem der Mann auf seine Ansprüche bezüglich der Wirtschaftsführung durch die Ehefrau verzichtet, und auch diese sich bereit erklärt, den ihr zukommenden Anteil an der Leitung des Hauswesens dem Manne zu überlassen oder an eine zu diesem Behufe bestimmte dritte Person zu übertragen.

Da die Schlüsselgewalt in der bevorzugten Stellung begründet ist, welche das deutsche Recht der Ehefrau einräumt, und als eine unmittelbare Folge der Eheschliessung erscheint, kann als Vorbedingung für die Entstehung derselben nicht verlangt werden, dass die Frau ein Heiratsgut in die Ehe einbringe.

§ 4.

Umfang der Schlüsselgewalt.

Der Umfang der in der Schlüsselgewalt enthaltenen Befugnisse richtet sich wie das gesamte eheliche Güterrecht nach den Gesetzen oder Gewohnheiten desjenigen Staates oder Ortes, wo unmittelbar nach Abschluss der Ehe die Gatten ihren ordentlichen und ständigen bürgerlichen Wohnsitz aufschlagen.

In Zweifel und bei ungenauer Fassung des einschlägigen Gesetzes erstreckt sich das Recht der Schlüsselgewalt jedenfalls auf die persönlichen Bedürfnisse der Frau selbst und anderer, deren Substistanz dem Manne obliegt, und auf Erwerbung aller jener Gegenstände, deren Anschaffung und Unterhaltung nach allgemeiner Sitte und Gewohnheit der Hausfrau überlassen bleibt. Auf alle Fälle gehören hieher

1) Ankaufsverträge über Mobilien, und zwar über alles, was zum täglichen Lebensbedarf der Familie gehört, vor allem also die nötigen Lebensmittel, Feuerungsmaterialien, die Bekleidungsgegenstände, nicht blos für Familienmitglieder, sondern auch für die Dienstboten, wie z. B. die Livreen der Bedienten, dann aber auch die erforderliche Tisch- und Bettwäsche, die in einem Haushalte nötigen Küchengerätschaften und Reinigungsutensilien, unzweifelhaft auch die erforderlichen Möbel: Tische,

Stühle, Betten u. s. w. Wenn einzelne Partikulargesetze, wie die Hamburger Statuten von 1603 II, 8, nur Anschaffung der Frau „an Leinwand und Flachs zu des Hauses Notdurft gehörig“ als innerhalb der Schlüsselgewalt gelegen, anführen, so ist hierunter ohne Zweifel nur eine beispielsweise Anführung zu verstehen.

Dass auch Luxusartikel, welche zur Verschönerung und behaglicheren Gestaltung des Lebens beitragen, wie Teppiche, Luxusmöbel, Nippsachen, dann vor allem Schmuckgegenstände, in das Bereich der Schlüsselgewalt fallen, lässt sich wohl im allgemeinen nicht behaupten, in solchen Fällen scheint vielmehr die Frau an die Einwilligung des Ehemanns gebunden und ist seine, wenn auch nur stillschweigend erteilte, Zustimmung erforderlich.

2) Verkaufs- und Tauschverträge über unbrauchbar oder entbehrlich gewordene Fahrnis-Gegenstände des Haushalts, aus der Mode gekommene Kleidungsstücke und Schmucksachen.

Nicht unterstehen der Schlüsselgewalt die im Geschäftsbetriebe des Mannes produzierten Gegenstände, wenngleich hier die Verschiedenheit der Wirtschaften einen wesentlichen Einfluss haben muss; so wird es wohl bei bäuerlichen Wirtschaften der Frau erlaubt sein, den Verkauf gewöhnlichen Federviehs, sowie landwirtschaftlicher Erzeugnisse, wie Milch, Butter, Eier, der im Hause verfertigten Leinwand, zu bethätigen, während wertvollere Gegenstände, wie gemästete Schweine, Zugvieh u. s. w., natürlich hievon ausgenommen sein müssen.

Seuffert, Bd. XXIV, S. 142.

3) Dienstmieteverträge mit dem zur Führung des Haushalts verwendeten Gesinde, Köchinnen, Stubenmädchen, Bonnen, im Zweifel auch mit dem männlichen Dienstpersonal: Bedienten, Köchen. Doch sind in Ansehung der Gesindemiete die neueren Gesindeordnungen schwankend. Die von Weimar aus dem Jahre 1823 (§ 3) verlangt Abschliessung des Vertrags durch den Ehemann oder mindestens mit dessen ausdrücklicher Genehmigung. Die Gesindeordnungen von

Gotha von 1797,
Rudolfstadt von 1822,
Braunschweig von 1832,
Altenburg von 1840,
Reuss jüngere Linie von 1841,
Dessau-Cöthen von 1861

gestatten die Annahme weiblichen Gesindes der Ehefrau, sie verlangen keine ausdrückliche Genehmigung des Mannes, allein sie räumen ihm das Recht ein, die ihm nicht anstehenden, von der Frau gedungenen Mägde mit dem Ablaufe der gesetzlichen Dingzeit ohne Rücksicht auf die verabredete Zeit wieder nach vorhergehender ordnungsmässiger Aufkündigung zu entfernen.

Das Mieterecht der Ehefrau erstreckt sich dann ohne Zweifel auch auf die Festsetzung des Gesindelohnes, da dessen Leistung zu den Haushaltungskosten ebenso gut gehört, wie die Verköstigung des Gesindes.

4) Lohnarbeitsverträge, sei es, dass sie sich auf männliche oder weibliche Hilfspersonen be-

ziehen, wie z. B. Waschfrauen, Packträger, Speditеure bei Wohnungswechsel u. s. w.

5) Bestellverträge mit Werkmeistern, insoweit es sich dabei um Lieferung, Bestellung und Ausbesserung beweglicher Haushaltungs-Artikel handelt.

Ein bestimmter Umfang der Schlüsselgewalt lässt sich natürlich im einzelnen nicht angeben, vielmehr wird dieselbe eine verschiedene sein nach den Vermögens- und Standesverhältnissen der Eheleute, nach der Art der Berufsthätigkeit des Mannes, dem Wohnorte u. s. w.

> Wie eine Wirtschaft sich in kleinen, die andere in grossen Verhältnissen bewegt, und die Landes- und Standessitte die Art des ehelichen Tisches, der Kleidung, die Bedürfnisse der Familienglieder, die gesellschaftlichen Genüsse grossenteils bestimmen, so muss auch das Recht diese Verschiedenheit beachten. Das Prinzip ist, dass die Frau je nach der Sitte in diesem Kreise als Herrin zu schalten und zu walten befugt sei u. s. w.
>
> Bluntschli, Privatr. II, 215.

Im Zweifel fallen aus dem Bereich der Schlüsselgewalt heraus und unterstehen direkt der eheherrlichen Haushaltungsleitung:

1) alle Bau- und Baureparaturverträge mit Zimmerleuten, Maurern, Dachdeckern, Tapezierern, Tischlern, auch diejenigen, welche sich auf Einrichtungen der inneren Wirtschaft beziehen, wie Wasserleitungs-, Feuerungs- und Gasbeleuchtungsanlagen u. s. w.;

2) alle Lehr- und Unterrichtsverträge mit Sprach- und Musiklehrern, Haushofmeistern, Gouvernanten, da hier das rein vermögensrechtliche Moment hinter dem persönlichen zurücksteht;
3) alle auf die ärztliche Behandlung der Familienmitglieder und Hausgenossen und auf die Beschaffung der hiezu erforderlichen Heilmittel abzielenden Verträge, also mit Aerzten, Apothekern und Hebammen.

Natürlich gehören auch nicht unter den Begriff der Schlüsselgewalt diejenigen Fälle freier Handlungs- und Verfügungsbefugnis der Frau, in welchen die Einwilligung des Mannes wegen längerer Abwesenheit oder sonstiger Verhinderung desselben nicht zu erlangen ist,

Heimbachs Erörterungen aus dem gem. und sächs. Civilrecht, Bd. I, S. 77 f.,

denn hier erscheint die Frau als stellvertretende Trägerin der gesamten hausherrlichen Gewalt des Mannes.

Endlich in Ansehung gewisser Verträge muss die Hineinziehung in das Gebiet der Schlüsselgewalt an bestimmte Vorbedingungen geknüpft werden. Hieher gehören die Schuldaufnahme- und die Faustpfandverträge. Hier bieten bereits die mittelalterlichen Rechtsquellen insofern einen entscheidenden Anhaltspunkt, als sie der Ehefrau ausnahmsweise gestatten, eigenmächtig Ehegut zu „verkummern", wenn sie „notdurft" oder „libisnot" dazu zwingt.

Zweifelsohne steht ihr daher innerhalb der Schlüsselgewalt das Recht zu, Darlehen aufzunehmen und dafür Verpfändungen zu gewähren, wenn sie der in der Schlüsselgewalt enthaltenen Verpflichtung zur Beschaffung der nötigen Nahrungsmittel, Kleidung u. s. w. wegen Mangels an disponiblem Gelde nicht mehr genügen und auch vom Ehemann, z. B. wegen Abwesenheit desselben, die erforderliche Deckungssumme für jene Auslagen nicht erlangen kann. Doch sind unter den Haushaltungsgeschäften, bei denen die Frau borgen darf, nur die gewöhnlichen, d. h. die täglich oder häufig vorkommenden zu verstehen.

> Hat die Frau zu solchen gewöhnlichen Haushaltungs-Geschäften oder Notdurften Waren oder Sachen auf Borg genommen, so muss der Mann dergleichen Schuld als die seinige anerkennen. Preuss. Landrecht Bd. II, Tit. I, § 321.

Dernburg, Lehrbuch des pr. Pr., Bd. 3, § 21.

Zu allen in vorstehendem ausgeführten Geschäftsabschlüssen bedarf die Ehefrau weder einer vorausgehenden Zustimmung, noch einer nachfolgenden Genehmigung seitens des Ehemannes, da dieselben als stillschweigend consentirt gelten, ohne dass erst nachgewiesen werden müsste, dass die Aufwendung im Nutzen des Mannes erfolgte. Kredidirt jedoch ein Verkäufer einer Ehefrau bei Geschäften, welche ausserhalb dieses Kreises stehen, so ist der Mann zur Bezahlung nicht verpflichtet, doch muss allerdings angenommen werden, dass ein Mann, wenn er wiederholt Rechnungen, die über „des Hauses Notdurft“ hinausgingen, bezahlte, auch für spätere Rechnungen dieser Art bei denselben Verkäufern aufkommen müsse.

Bender, Handb. d. Frankf. R., S. 57.

Eine Beschränkung erleidet die Schlüsselgewalt durch die Regeln einer geordneten, nach Massgabe des sich bietenden Einkommens bestimmten Hausökonomie. Die Ehefrau darf nicht die in Verwaltungsangelegenheiten stets zu beobachtende ökonomische Masshaltung ausser Acht lassen und grössere Auslagen machen, als mit der conkreten Vermögenslage, worin sie und ihr Gatte sich befinden, z. B. mit dem Diensteinkommen, Arbeitserwerbe, Kapitalzinsertrage, nach vernünftiger Erwägung vereinbar ist. Ein für alle Ehen gleichmässig festzuhaltendes Geldmass, wie es wohl im älteren Rechte versuchsweise aufgestellt worden ist,

Bluntschli, Staats- und Rechtsgeschichte von Zürich, Bd. II, 146, 147,

gibt es freilich heutzutage nicht mehr, allein die richterliche Entscheidung wird im einzelnen Falle jene Lücke ergänzen, und das in den sozialen Lebensverhältnissen gelegene und sich in der Sitte offenbarende Mass herausfinden. Ein Vertrag der Ehefrau, welche diese sittlich gezogenen Grenzen überschreitet und der Kassa des Kleinkrämers oder Taglöhners zumutet, was wohl jene des Grosskaufmanns oder Grundherrn zu leisten im Stande ist, würde daher, „da der Ehefrau zu ungewöhnlichen Handlungen und Vermögensdispositionen im Hauswesen die Ermächtigung fehlt", ungiltig sein und nur durch vorher eingeholten consensus oder nachfolgende ratihabitio mariti Rechtsbeständigkeit erlangen.

Übersteigt der Umfang der Anschaffung, z. B. der auf Kredit genommenen Putz- und Modewaren, auf eine in die Augen fallende Weise jedes mögliche Bedürfnis, so steht diese Handlung im Widerspruche mit der Verwaltung des Ehemanns, welcher doch die Schlüsselgewalt fortdauernd untergeordnet erscheint; denn es kann nicht präsumiert werden, dass der Ehemann solche Überschreitungen gutheisse. Etwas anderes ist es, wenn der Mann in Bezug auf eine gewisse Art von Gegenständen seiner Frau vorher, z. B. im Ehevertrage, Verfügung und Anschaffung gestattet haben sollte und sie selbst oder der dritte Contrahent solches zu beweisen vermöchte.

Eine weitere Beschränkung kann die Schlüsselgewalt erfahren durch Anordnungen und Verbote des Ehemanns, welche dieser vermöge seiner in der Hausherrlichkeit liegenden Verwaltungsbefugnis erlässt.

> Die Ehefrau ist verbunden, ihre Handlungen und häuslichen Geschäfte nach der Anordnung des Mannes einzurichten. Altenburger Eheord. von 1817, § 141.

Er kann ohne Zweifel der Ehefrau den Abschluss gewisser Geschäfte, zu denen sie an und für sich durch ihre Schlüsselgewalt berechtigt ist, verbieten, da diese immer der ehemännlichen Haushaltungsleitung untergeordnet ist.

§ 5.

Das Haushaltungsgeld.

Im engsten Zusammenhange mit der ehefräulichen Schlüsselgewalt steht das sogenannte Haushaltungsgeld, worunter man eine vom Ehemann seiner Frau aus dem zur Befriedigung der Ehebedürfnisse bestimmten Vermögen ausgeworfene, in Wochen- oder Monatsbeträgen verabreichte Baarsumme zu verstehen pflegt, welche ausschliesslich zur Bestreitung der innerhalb des Bereichs der Schlüsselgewalt erwachsenden Auslagen dienen soll. Es unterscheidet sich daher wesentlich

a) von dem eheweiblichen Paraphernalgut,
b) von dem Sonder- oder Spargut der Frau,
c) von dem sog. Spill-Trüffel- oder Nadelgeld.

An allen diesen Vermögensaussätzen hat die Ehefrau ein vollkommenes Eigentumsrecht oder erwirbt ein solches durch die Zuwendung. Sie untersteht also bei der Verwaltung dieses Vermögens keineswegs der Oberaufsicht des Mannes, sie kann darüber auch gegen den Willen desselben verfügen. Sollte sie sich bei der Verwaltung dieses Vermögens als Verschwenderin zeigen, so stünde dem Manne keineswegs ein Einspruch zu; die Frau wäre vielmehr mit Rücksicht hierauf gleich einem anderen Verschwender unter Vormundschaft zu stellen, welche durchaus nicht die des Mannes zu sein brauchte.

Bluntschli, Privatr., Bd. II, S. 224.

Das Haushaltungsgeld dagegen, welches selten in den Ehepakten, in der Regel bloss durch mündliches Übereinkommen während der Ehe, nach seiner Grösse fixirt, und dann je nach den steigenden Anforderungen des Familienlebens und der Zunahme des Einkommens erweitert, beziehungsweise bei ungünstigen Wandlungen verringert wird, geht aus den Erwerbsquellen des Ehemannes, bei den in Gütergemeinschaft lebenden Eheleuten aus der Communionsmasse heraus, und behält diese seine Rechtsnatur einer unter der fortwährenden Oberleitung des Ehemannes stehenden Ehegutsquote unverändert bei, da die Ehefrau daran durch die Tradition kein freies Dispositionsrecht, wie eine Eigentümerin, sondern nur die Befugnis erhält, dasselbe zu den durch Gesetz, Herkommen oder ehemännliche Anordnung genau bezeichneten Verwaltungszwecken, aber allerdings innerhalb dieser Schranken, mit völliger Freiheit zu verwenden. Was sie in der Haushaltung durch grössere Sparsamkeit, billigere Bezugsquellen u. s. w. erübrigt, geht nicht in ihr Eigentum über, sondern wird auf die Rate der nächsten Woche oder des nächsten Monats angerechnet, ist dies nicht der Fall, so fällt das am Ende des Jahres sich herausstellende Gesamtersparnis in die Errungenschaft. Es darf daher die Frau diesen Überschuss nicht zu speculativen Anlagen, z. B. durch Ankauf von Lotterieloosen, verwenden, sie hätte vielmehr bei ungünstigem Ausgange Schadenersatz aus etwa vorhandenem Sondervermögen zu leisten, während ein allenfalls anfallender Gewinn zur Errungenschaft gehören würde.

Übrigens erscheint der Ehemann vermöge seiner allgemeinen Verwaltungsberechtigung befugt, jederzeit oder mindestens am Jahresschluss Rechnungslegung durch Vorlage und Einsichtgestattung des sogenannten Haushaltungsbuches zu fordern, worin die Ehefrau alle gemachten Einnahmen und Ausgaben, wenn auch nicht im Detail, so doch in allgemeinen Umrissen einzutragen hat. Ergibt sich hiebei, dass die Ehefrau überflüssige Ausgaben oder gar leichtfertigerweise unnötige Schulden gemacht hat, so kann der Mann, um in Zukunft solches zu verhüten, äusserstenfalls bis zur öffentlichen Aufforderung, dass man seiner Frau nichts mehr borgen solle oder gar „Nachsuchung richterlicher Hilfe durch öffentliche Bekanntmachung“ schreiten, welche Massnahme dahin verstanden wird, dass eine gerichtliche Verwarnung vor fernerem Kreditgeben an die Frau erwirkt und diese alsdann in den Lokalblättern zur allgemeinen Kenntnis gebracht wird.

Preuss. Landr. Bd. II, § 323 etc. Kann oder will der Mann dieses nicht, so steht ihm frei, zur Verhütung künftiger Schulden dieser Art richterliche Hilfe durch öffentliche Bekanntmachung nachzusuchen.

Daniels Lehrbuch des preuss. Privatr. Bd. II, § 65 I. Schulden aus den Rechtshandlungen der Frau muss der Mann als die seinigen anerkennen: 1) wenn sie zu den gewöhnlichen Haushaltungs-Bedürfnissen gemacht sind, selbst wenn der Mann das nötige Wirtschaftsgeld hergegeben hat, jedoch kann er in diesem Falle zur Verhütung künftiger Schulden die Bekanntmachung einer öffentlichen Verwarnung bei Gericht nachsuchen u. s. w.

§ 6.

Rechtswirkungen der Schlüsselgewalt.

Angehend die Rechtswirkungen der ehefräulichen Schlüsselgewalt, so konzentrieren sich dieselben in dem Grundsatze: welche Rechtsgeschäfte die Ehefrau vermöge obiger Gewalt für das ihrer Führung anvertraute Hauswesen im Namen, wenn auch nicht unter dem Namen ihres Mannes abschliesst, die gelten vom Momente ihres Abschlusses an als vom Manne eingegangen, so dass er unmittelbar daraus obligiert und berechtigt wird.

Langen und Kori, Erörterungen Bd. II, S. 107.

Es bedarf daher keiner cessio actionis, um aus derartigen Verträgen eine Klagestellung des Mannes oder wider den Mann zu ermöglichen. Die zu erhebenden Klagen sind aber die den conkreten Geschäftsarten entsprechenden Civilklagen; wo es freilich zweifelhaft sein sollte, ob sich die Schlüsselgewalt auf das in Frage stehende Rechtsverhältnis erstrecke, lässt sich wohl auch, wenn die Verwendung des dadurch erworbenen in den Nutzen des Mannes oder gemeinschaftlichen Haushaltes ausser allem Zweifel steht, die actio de in rem verso als anwendbar denken.

Die allgemeine Klage wider den Ehemann aus den Geschäftshandlungen der Frau ist die actio institora, da er der Frau das Hauswesen und den zu dessen Führung erforderlichen Fonds übertragen hat.

L. E. W. Schmidt, das preussische Familienrecht, S. 156.

Seuffert, Archiv für Entsch. der obersten Gerichte, Bd. V Nr. 29. Gegen den Ehemann findet aus Akten der ehefräulichen Schlüsselgewalt auch die actio de in rem verso und institoria statt, sofern man annehmen kann, dass die Frau im Auftrage des Mannes gehandelt.

Als ein zweites Folgeprinzip der Schlüsselgewalt lässt sich ferner aufstellen, dass für leichtsinnige Überschreitung des Haushaltungsbudgets die Ehefrau mit ihrem Sondergute und eventuellen Anteil am Kommunions- und Errungenschaftsgute aufkommen muss. Der Mann kann nach dem Wortlaute des preuss. Landr. Bd. II, § 322,

> „aus ihrem vorbehaltenen und in dessen Ermangelung aus der Substanz des eingebrachten Vermögens Ersatz fordern."

Wann dies geschehen solle oder könne, ob während des Verlaufes oder erst am Ende der Ehe bei der Vermögensauseinandersetzung der beiden Gatten, hängt von den besonderen Verhältnissen oder dem Übereinkommen der Ehegatten ab.

Endlich eine dritte Folge der Schlüsselgewalt ist die Eventualhaftung des ehemännlichen Vermögens für diejenigen Schulden der Frau, welche sie bei Insuffizienz des Haushaltungsgeldes innerhalb der ihr gesteckten Thätigkeitsgrenzen zur Befriedigung dringend notwendiger Lebensbedürfnisse kontrahieren musste und deren Kontrahierung dem Ehemann nicht verborgen bleiben konnte. Sollte hier eine ausdrückliche Verweigerung des Ehemanns, den nötigen Zuschuss zu leisten, in Mitte liegen, so muss selbverständlich die Dringlichkeit der Ausgabe von seite der Frau bewiesen werden.

Doch wird der Mann durch Rechtsgeschäfte der Frau nicht verpflichtet, wenn der Dritte nach den conkreten Umständen ersehen konnte, dass sie ihre Machtvollkommenheit überschreitet,

Stobbe, Privatrecht, B. IV, S. 146.

Beispiele daselbst: eine Taglöhnerin bestellt bei einem Zahnarzt ein Gebiss; der Gläubiger weiss, dass die Frau mit dem Manne in Ehescheidungsdifferenzen lebt.

Zachariae, § 472 n. 52,
Baumeister, das Hamburgische Privatrecht, Bd. II, 185.

Im Zweifel erscheint nur der Ehemann, nicht die Frau als Kontrahent und Schuldner,

Stobbe, Privatrecht, Bd. IV, S. 146,
Oldenburger Ges. von 1873,

doch kann mit den Kreditoren etwas anderes vereinbart sein.

Wenn der Ehemann nicht für die Haushaltungsschulden der Frau aufkommt, entsteht die Frage, ob die Gläubiger berechtigt seien, sich an das Receptizgut der Frau zu halten, und es sind darüber die Ansichten geteilt. Die bejahende Antwort wird gestützt auf die Erwägung, dass ja die Aufwendungen des Haushaltes auch in ihrem eigenen Interesse gemacht seien, während für die verneinende der Umstand spricht, dass die Ehefrau in Geschäften des Haushaltes als Verwalterin des Ehemanns betrachtet wird und der Geschäftsführer niemals aus dem eigenen Vermögen, sondern nur aus den ihm anvertrauten Mitteln seines Herrn zu zahlen verbunden ist.

Seuffert, Archiv, Bd. V, S. 36.

Jedenfalls braucht die Ehefrau für solche Schulden, von denen offenkundig ist, dass sie nur im Interesse des Mannes oder gemeinschaftlichen Haushaltes gemacht wurden, mit ihrem Sondervermögen nicht einzustehen, während bei Geschäftsabschlüssen, wo der Verkäufer billigerweise hierüber im Zweifel sein kann, die Haftung des Sondervermögens wohl zugestanden werden muss.

Es tritt also eine Überwälzung der von der Ehefrau eingegangenen, innerhalb der Schlüsselgewalt sich bewegenden Schuldverhältnisse ein, und zwar bei dem Vermögensstande der sogenannten Gütereinheit als Forderungen gegen den Ehemann primär auf dessen Sondergutsmasse, nach anderer Ansicht mindestens teilweise oder zur Hälfte; bei dem Vermögensstande der Gütergemeinschaft als Forderungen auf das Gemeingut, bei der Errungenschaftsgemeinschaft mithin auf die Errungenschaft.

Da die Frau nicht eigentliche Schuldnerin wird, sondern der Mann, so braucht sie die von ihr kontrahierten Haushaltungsschulden nach dem Tode des Mannes nur zu bezahlen, wenn sie die Erbin desselben geworden ist.

Emminghaus, Pandekten der sächs. Reg., S. 259, Nr. 13.

Ebenso müssen der Witwe Ersatzklagen gegen die Erben ihres Mannes zustehen, wenn sie aus ihrem Sondergute Vorschüsse zur Haushaltung gemacht haben sollte.

§ 7.

Wegfall der Schlüsselgewalt.

Die Schlüsselgewalt der Ehefrau kommt in Wegfall

1) durch Aufhebung der Ehe, indem mit dem Ende der hausherrlichen Gewalt die sich von ihr ableitende Schlüsselgewalt ebenfalls aufhören muss; in den Rechtsverhältnissen des Beisitzes und der fortgesetzten Gütergemeinschaft kann es keine Schlüsselgewalt geben, da die hier allerdings in die Stelle des parens praedefunctus eingetretenen Kinder ja in keiner Weise auch dessen hausherrliche Gewaltstellung überkommen, diese vielmehr auf die Mutter fällt, so dass sich dann in ihrer Person die Schlüsselgewalt mit der allgemeinen Verwaltungsbefugnis wieder konsolidiert;
2) durch Auflösung des gesonderten selbständigen Haushaltes der Gatten;
3) durch Verzicht der Ehefrau, wenn derselbe vom Ehemanne gutgeheissen wird, da dem Manne gegenüber die Schlüsselgewalt zugleich ein Pflichtverhältnis in sich einschliesst;
4) durch ehemännliche Entziehung, und zwar sowohl wegen eingetretener körperlicher und geistiger Unfähigkeit, als auch wegen Verschwendungssucht, wenn die Ehefrau, trotzdem ihr der Mann hinreichende Geldmittel an die Hand gegeben hat, leichtsinnig Schulden macht.

Es entsteht die Frage, ob der Ehemann das Recht hat, seiner Frau die Haushaltung willkürlich zu entziehen.

L. E. W. Schmidt, das preuss. Familienrecht, S. 156, verlangt dazu eine vorgängige richterliche Untersuchung, weil die Frau das Haushaltungsrecht nicht durch willkürliches Mandat, sondern vermöge ihres Rechtes als Hausfrau erworben habe. Allein gemeinrechtlich muss dem Manne als übergeordnetem Haupte der Familie das Recht zugestanden werden, nach eigenem freien Ermessen die Schlüsselgewalt seiner Frau sowohl einzuschränken, als auch ihr gänzlich zu entziehen, und hat er nur dafür zu sorgen, dass dritten Personen, welche mit der Frau im Geschäftsverkehr stehen, dadurch keine Vermögensschädigung erwachse. Deshalb sind diese von der Entziehung oder Beschränkung zu benachrichtigen, was allerdings unter Umständen nur durch Ausschreiben in Lokalblättern erreicht werden kann. Das preussische Landrecht und seine Auslegungen

L. E. W. Schmidt, das preussische Familienrecht,

gestatten dem Manne eine derartige aussergerichtliche Monierung nicht, da die Frau dadurch in der öffentlichen Meinung herabgesetzt werde und es, nachdem ihr, ehe sie solches erleide, die richterliche Kontrolle einmal landesrechtlich zugesichert ist, als eine willkürliche Beschimpfung seitens des Mannes erscheinen würde, wenn er sich herausnähme, das officium iudicis zu umgehen. Doch muss der Ehemann, wenn nicht Partikulargesetze es ausdrücklich verlangen, auch ohne richterliche Mitwirkung und Autorisierung zu derartigen Ausschreibungen berechtigt erscheinen, weil er eben auch verpflichtet ist, das Interesse der Gläubiger zu wahren und von ihnen zur Verantwortung gezogen werden kann. Dass aber, falls in dem Verhalten und Vorgehen des Mannes eine widerrechtliche Kränkung der Frau gelegen sein sollte, diese den Schutz der Gerichte für sich beanspruchen und auf diesem Wege insbesondere eine Zurücknahme der unberechtigten Massnahmen des Mannes, z. B. der Warnung in den Blättern, verlangen kann, unterliegt keinem Zweifel, man denke nur an den Fall, dass der Mann jene Haushaltungsgeschäfte einer fremden Weibsperson zum Ärgernisse der Frau, deren persönliche Würde dadurch in der Öffentlichkeit geschädigt werden könnte, übertragen sollte. Es dürfte aber hiezu das ordentliche Wohnortsgericht, nicht etwa die Obervormundschaftsbehörde, kompetent und jedenfalls der Ehemann mit seiner Rechtfertigung zu hören sein. Das der Frau günstige Erkenntnis wäre eine Art Restitutionsurteil.

In diesem Sinne ist auch § 1278 Abs. 3 des Entwurfs eines bürgerlichen Gesetzbuchs für das deutsche Reich zu nehmen, welcher der Ehefrau die Befugnis zugesteht, die Herstellung des ehelichen Lebens — freilich ein sehr unbestimmter Ausdruck für das häusliche Wirtschaftsleben — zu verlangen, wenn die Beschränkung oder Entziehung sich als ein Missbrauch des Rechtes des Ehemanns darstellt.

Sieht sich nun der Mann veranlasst, die hauswirtschaftlichen Geschäfte, welche im Begriff der Schlüsselgewalt liegen, einer anderen Frauensperson zu übertragen, so bedarf es allerdings, wenn solches mit Willen und ohne Verschulden der Frau, z. B. wegen andauernder Krankheit oder notwendiger Abwesenheit derselben, geschieht, in Ansehung der

Auswahl der Persönlichkeit ihrer Zustimmung und es lässt sich sogar eine gewisse Unterordnung der gewählten Stellvertreterin unter die eigentliche Schlüsselgewalt der Frau denken, welche z. B. briefliche Wirtschaftsanordnungen selbst aus der Ferne geben kann.

Die Schlüsselgewalt als solche lässt keine Stellvertretung zu, sondern ist an die Person der Ehefrau geknüpft. An ihre Stelle tritt, sofern der Ehemann die dahin gehörigen Rechtsgeschäfte nicht selbst zu besorgen im Stande ist, eine in den Grenzen der Dienstmiete sich bewegende Wirtschaftshilfe. Nur wenn die Haushaltungsgeschäfte die eigene Mutter der Ehefrau oder des Ehemanns beziehungsweise eine Schwester derselben – doch ohne vereinbarten Lohn für die Dienstleistung – übernehmen sollte, würden analog die Grundsätze von der Schlüsselgewalt in Anwendung kommen können. Und das gleiche lässt sich wohl in dem Falle annehmen, dass die Tochter vom Vater mit der Führung des Haushaltes betraut sein sollte, obgleich hier die bestehende väterliche Gewalt von modificierendem Einflusse werden könnte.

Die Entmündigung des Ehemannes wegen Verschwendungssucht hebt an sich die Schlüsselgewalt der Frau nicht auf, da diese auch gegenüber der über den Mann angeordneten cura fortbestehen kann, also der letzteren untergeordnet erscheint.

W. GÄRTNER'S BUCHDRUCKEREI (D. SIEBENKEES), BAMBERG.

FSC
www.fsc.org
MIX
Papier | Fördert
gute Waldnutzung
FSC® C083411

Kolibri 360 GmbH
Ferdinand-Jühlke-Straße 7
99095 Erfurt, Deutschland
produktsicherheit@kolibri360.de